JN408721

월요일에는 우체국을 간다

문모근 5시집

문학공원 기획시선 16

월요일에는 우체국을 간다

문모근 5시집

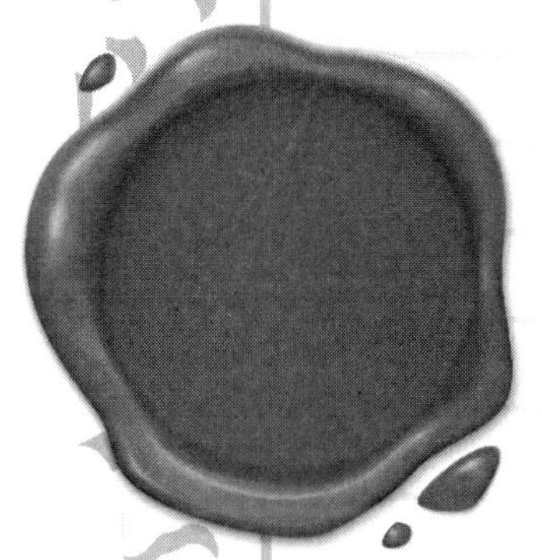

하늘이 맑으면 맑은 대로
비가 오면 오는 대로
한 움큼 쥐어지는 보고픔
그마저 조금씩 흘리며 산다
그렇게 뒤를 보면서 산다
월요일에는 우체국을 간다

문학공원

自序

글 쓴다는 행위에 함몰되어
나 자신 잃은 적 있다
세상 모든 것에
비교할 수 없는 나
시에서 위로를 찾는다

2020년 늦여름

문 모 근

CONTENTS

1부 골목

2부 로드킬

CONTENTS

3부 비 내리는 날

4부 전율

CONTENTS

5부 갓길

1부

골목

골목

여름이 들어서고 있다
신부전증을 앓는 무더위가 그 뒤에 섰다
감기 걸린 오후 두 시가 콜록대며 뒤따랐고
고물 수집 차량의 확성기에서 늘어진
테이프 맥없는 목소리 높였다
며칠 소란스럽던 건물신축 공사장
부른 배 두드리며 낮잠에 빠져들고
뜨겁게 달궈진 햇살 삼지창처럼
옥수수 끝에서 빛이났다
입술 삐죽 내밀고 토라진 호박꽃
말하고 표현하고 행동하는데 자신감이 생긴다며
커다란 잎사귀 벙긋거렸다
담장 위에서 잠자리 몇 마리
갈짓자로 날았고
해그림자 조용히 한 뼘 물러났다
개미 행렬은 여전히 바쁘고
고양이 한 마리 소리 없이 지나갔다

영정사진

조명과 반사판 설치가 끝나
머리를 빗어 넘기고
렌즈 속 눈빛 보면서
살아온 시간을 생각한다
오랫동안 살아온
세상의 한 부분처럼
사진으로 남겨질 얼굴

떠나면 잊힐 일들만 남아
기억해주거나 추억 하나라도 있으면
기꺼이 손잡아 체온이라도 남기리

미소 짓는 눈에서 녹아 나오는
인연과 미련, 회한의 어제들
가만가만 되짚어보며
앵글 속 얼굴 들여다본다

하루

오전 내 흩날리던 눈발이 빗줄기로 변했다
호주머니 깊숙한 곳에서 무언가를 찾는 그는
꿈속 발자취를 건지고 있는지 모른다
언제고 꼭 이룰 것만 같은,
떨어져 나가는 오래된 희망에
미련을 두고 종종걸음으로 좌우를 살피며
그렇게 거리를 쏘다녔다 찰박거리는
뒷골목 후미진 곳에서
어두운 밤하늘 바라보는 소년의 눈과
전통시장 좌판에서 나물을 파는
장사치의 눈 반짝 빛이 났고
구부정한 어깨에 망태기를 얹은
그의 눈이 아무도 모르게 빛났다
눈이 내려 슬프다는 그와
비가 내려 슬프다는 그
선술집 작은 백열등 아래 차가운
술잔 마주한 그도 더러
희미한 꿈을 꾸었다
심란하고 고단한 하루를 마치면
다시 그리움으로 눈시울 적신
그의 어깨가 들썩였다

입안으로 털어 넣는 소주마저
눈물 섞여 미지근해지고
하룻밤 따뜻하고 포근한 잠자리를
찾아드는 별들과 휘청거리는
하루 쓰러져가고 있다

그런 날이 있다

시를 읽으면 자꾸 오한이 났다

휘어지는 길에서 시가 불쑥
튀어나오는 그런

대장암 고통이 휘몰아치는 저녁
낮은 신음을 들으며 시를 읽는 날
주변을 서성이는 산비둘기의 애끓는 소리

마당을 향한 창문이
온전히 흔들리며 몸부림치는 날
당신과 이야기 나누고 싶은 날

자벌레

개울물소리 요란한 배내골에서
자벌레 한 마리 몹시 바쁩니다
몸을 움츠려 오메가 형상을 만든 뒤
쭉 펴면 자벌레의 길 그것이 되는데
접었다 폈다를 몇 번
연속으로 하다가 허리인지 머리인지
힘을 주어 곧게 서서 흔들흔들
주변 살피고 장애물이 있는지
돌아보기도 하면서 길을 정합니다
대부분 직진을 결정합니다
때론 조금씩 갈 길을
바꾸기도 합니다
그게 힘들고 어렵다고 생각되면
나무에 올라 나뭇잎 끝까지 가서
몸에서 뽑은 가느다란 줄에
몸을 맡기고 공중그네를 탑니다
바람 불면 나무에서 나무로
옮겨 타기가 쉽습니다
그러다가 날아가는 새들에게
먹이가 되어주는 알파가 됩니다

월요일에는 우체국을 간다

월요일에는 우체국을 간다
주소를 적고
이름을 적은 뒤 우편번호를 적으면
받는 사람 얼굴이 떠오른다
편지지 가득 넣은 마음 한 장
받아보고 웃을지 슬퍼할지
조마조마하면서 부치는 편지
안부라는 게 그러그러하고
사는 게 다 그렇다고 해서
그리움이 멈추는 건 아니다
하늘이 맑으면 맑은 대로
비가 오면 오는 대로
한 움큼 쥐어지는 보고픔
그마저 조금씩 흘리며 산다
그렇게 뒤를 보면서 산다
월요일에는 우체국을 간다

늦은 밤

달빛 흐르는 숲에
익숙한 소리 있다

물소리 청청
달빛 청청
부서지는 소리 아름다워
가슴 부둥켜안다가
슬몃 부딪히는 입술
서릿발 깊게 쌓이고
차마 지우지 못하는
찰랑이는 걸음걸이
한사코 남아 그림처럼 남아
달인 듯 별인 듯
사위어 든다

아. 꽃잎 같은 손
잡을 길 없는 밤

외출

무채색 시간 문을 나섰다
풀색 가지런한
셔츠가 동행했고 빳빳한 청바지가
통기타 치며 노래 불렀다
어둠이 창틀에서 턱걸이하고
우연한 바람과 바짝 마른
국화꽃이 인사 나눴다
종이컵 안에서 셔플 댄스 추던 면발이
돌연 날카롭게 쏘아 보는 곳
별, 허름한 외투 입고 서 있다
뽑혀진 코드 끌어안은 토스터에서
화산처럼 용암이 흐르고 더운 김 내뱉는
포트 식은 눈물 흘렸다
외로움이 어깨를 스치면
실없이 큰 달과 늑대울음도
붉은 산자락 뛰어다녔다
배부른 달마는 막연히 웃었고
꿈 많던 작은 풀잎 건들건들 흔들렸다
고샅길 나서는 시간의 맨발에
초승달 하나 낄낄거리고 있다

매표소에 뜬 달

늦은 밤 행선지 찾는
별, 눈빛이 초롱하다

30센티미터 이쪽과 저쪽에서
노포동이나 동래
마산 창원을 떠돌다
굳은살 박힌 지폐 내밀고
우물우물 행선지 밝히는 사람의 어깨에
푸른 별빛 흘렀다

사람들의 발길 뜸한
새벽 두 시

매표소 찾는 별들 잠들고
후후 불며 나서는 늦은 밤
하늘에 초승달 떴다

성게잡이

별들이 잠영을 배우는 그믐날
육일횟집 돌아간 몰디브 해안에서
성게 잡는 사람 몇 파도가 되고 있다
수평선에 떠 있는 유조선의 화려함보다
성게알 쌉쌀한 맛 찾는 주문이
물결처럼 밀려와 어둠을 두드리고
건져 올린 성게의 움직임보다
날랜 혓바닥 미각이 먼저 꿈틀거렸다
저녁 여덟시 달도 새벽에 뜨는 이월의 끝
성게알 숫자만큼 별의 독감 깊어가고
소주잔에 얹힌 희미한 어둠 속
성게의 골판에서 눈물 흘렀다

술 타는 저녁

술 한 잔 얼큰하게 치고
늦은 밤 마당에 들면
날 선 초승달이 다가와 어깨를 벤다

마음속 별은 이미 살아나
벼리듯 차갑게 빛나는데
벽을 훑는 눈초리가 날카롭다
발걸음에 차이는 그림자 하나
칼 춤추듯 달빛이 쌓이고
눅눅하게 젖는 새벽 별

산다는 것이 때론 술에 취한 듯
흔들리는 것이라면
너무 많이 흔들려 넝마가 되었을
너를 생각하다가
말없이 흐르는 눈물에 차마
들지 못하는 얼굴있어

스치는 바람 끝 잡고 뒹굴어도 보고
꿈이라도 꾸어 보고
술잔 속 맑은 수평선 보기도 한다

그 집

진달래 꽃잎 흔흔한 길섶
마른 입술 적셔주는 찔레 순과
골담초 달콤한 맛 잊지 않았지
학교 다니는 십리길 노을보다 예쁜 길에서
인동초 꽃잎 속 희미한 꿀맛 보고
아카시아 꽃잎 훑어 훌훌 불던 아이야

뽀얀 얼굴 잔주름 생겼어도
이웃집 철이 선이 얼굴 생생한데
낯선 문패라도 있었으면 좋겠네 그 집

물장구치던 저수지 웅덩이로 변하고
사랑채 뒤 감나무 찾아볼 길 없어도
잡초 가득한 마당조차 반가워라
안방 건넌방 오붓한 그때
감자 구워 먹던 아궁이마저 무너져
비스듬히 누워버린 바람 찬 그 집

언제 다시 들어볼까 마당 가득한
엄마 목소리 친구들 웃음소리

자귀나무 · 1

그 몸 반으로 접어 외로움이 덮이면
부드러운 꽃술 사랑으로 피어날까
닿은 듯 스치는 듯 느낌조차 모자라
끌어안은 향기마저 바람결에 띄우고
그리운 님 오시면 금침으로 펼칠까

자귀나무 · 2

가지마다 와이파이가 풍성하다
휴대폰의 수신기능이 원활하다
어린아이 손바닥처럼 부드럽다
저 부드러움으로 송신하면
먼 그대 수신할 수 있을지
해거름 깊어지는 노을 곁에서
팽팽한 긴장 내려놓는 시간
멀리한 마음도 돌아서
사락사락 자리 펴는 속내
한동안 헤어졌으므로 사랑도 깊어
찬이슬 덮어주는 그 시간
너에게로 보내는 텔레파시
엘티이로 다가올까
미소 띤 그대 얼굴

2부

로드킬

로드킬

살기 어렵고 고달픈 약자의 선택은
꼿꼿이 버티기보다 아침이슬 모이는 기슭에서
섬광처럼 꽂히는 환상 보다가
보여줄 것 없는 야윈 속물 내놓고
온몸 산화시키는 것이다

쓰러져 안드로메다, 천왕성, 명왕성 아니면
수천 조 광년 여행의 시작으로
공기로 순환하거나 세포 속 미생물로 살아가거나
육중한 몸의 하나로 다시 로드킬 당할지

순간과 찰나를 넘나드는 우주를 꿈꾸며
찬란하고 몽환적인 무의식의 공간에서
존재하는 의미와 삶의 언저리를 몰입하고 있을지

편지

내가 명조체로 쓰면
당신은 고딕으로 된 로마체로
답장을 씁니다
두 글자 모두 반듯하지만
된장내 나는 명조보다
치즈 향 담은 로마체가
아무래도 좋을 것 같다는 당신과
각진 이야기 나눕니다
디나루체나 굴림체 같은
그런 글자처럼
둥글둥글한
마음과 함께 밥상에 오른
반찬과 술, 이런 것들도
동그라미를 그리며
작은 세상 그리고 있습니다
그래도 당신은
로마체로 답장 씁니다

그대 가득한 마을에

나,
바람 되어 기웃거리다가
천천히 스며들겠네

할미꽃 머리 푸는 오월
그대 향한 그리움으로
나목의 물관을 흐르다가
수피향기로 피어나겠네

꽃 사태 지는 봄날
그대 미소로 꿈을 꾸겠네

기억하니

– 진달래연가

파릇한 쑥 향기 번지는 들녘
진달래 연분홍 이파리처럼
부드럽고 촉촉한 물방울 기억하니
맑은 물 흐르고 손톱만 한 올챙이
파르르 떠는 모습 보며 신기해하는 봄날
개나리 목련 산수유 피어나고
매화꽃 바람에 흩날릴 때
차박차박 다가오던 나뭇잎
가벼운 발소리 기억하니
아, 무너지는 슬픔조차 아름답던 그때
가슴 가득 품어 안은 그 마음 기억하니
환하게 미소 짓는 촛불 속에서
주황색 밤의 따뜻한 온도 기억하니
이파리 타고 넘나드는
밀도 높은 수액의 매끄러움과
얇은 꽃술의 담담한 바라봄
조용조용 덮어가는 그 속내 기억하니

나쁜 놈들

자식들 키워봐야
아무 쓸 데 없다
오늘은 참 쓸쓸한데
그 녀석들
밥 한 그릇 먹자는
전화도 없다

봄이 깊으면 초록도 깊다

대릉원에서 만난 봄은
아직 싸한 냉기를 품고 있다
진달래는 지고
서슬 퍼렇게 계곡으로 향하는
신라의 봄
날리는 꽃잎조차
바람에 떨고 있다
스치듯 날아가는 새들의 오후
벚꽃 흔들리는 길가에 선다
그리움 가득한 유채꽃과
조숙한 철쭉의 퍼레이드를 본다
봄이 깊으면 초록도 깊다
파란 하늘이 눈물칼로 베어지고
꿈같이 접어드는 여행길에서
민들레 가녀린 노래를 듣는다
흙담길 돌아가는
경주의 4월

그믐날에

달무리가 지면 몇몇의 사람은
눅진한 통증을 참는 상수리나무처럼
고단한 눈빛을 지었다

공사장 함바식당 구석에서
일당 몇 푼 받아 쥔 손은
나풀대는 눈발처럼 펄럭이다가
한숨 섞인 눈물을 훔쳤다

푸른 바다였던 사람들은
상처 입은 옹이처럼
거친 그믐날의 소주를 마셨다

칠월, 먹먹한

경북 경주시 외동읍 녹동리
녹동원길 삼거리에서
스쳐 지나가는 당신 봅니다
치술령 자락 디딘
호흡 한 줌이나 흔적 기억하며
흐린 날 소쩍새 울음보다
더 기막힌 바람의
눅진한 흐느낌 듣습니다
달마사 암자 찾아가는 어귀
우울했던 당신의 하루와
하얀 도라지꽃의 흔들림
능소화 꽃 늘어진 작은 마을에서
온갖 사연 풀어내는 당신 듣습니다
깜깜한 발걸음 녹동저수지
물결에 걸렸습니다
분홍색 자귀나무 꽃잎 흔드는
징소리처럼 먹먹한 칠월입니다

가을추억

화살 같은 햇살이 다가서자
소스라친 활엽수는
기억 속의 한 장면 떠올렸다

어린 시절 옆집 아이가 마음에 들어
깍지 낀 손 앞으로 모으고
두근거리는 가슴 숨기면서 건넨
“이따 뭐해?”

낙엽이 붉으면 그리움도 붉어진다

살아가는 것이 그리움을 찾는 거라면
하루하루가 모두 그리움 쌓는 일인데
소싯적 가졌던 느낌이나 생각은 단순해도
두근거리는 처음의 기쁨이 지금도 깊다

만추 · 1

살다보면 낙엽처럼
바스락거릴 때가 있다

만추 · 2

저렇게 절정을
앓는구나

두꺼운 내피 밀어
진액 쏟아내듯

붉은

만추 · 4

낙엽이 지는 모습 보고
소스라친다

미안하다
아픈 그 속내 보지 못한 것
무너지는 모습 보지 못한 것
몸부림을 보지 못한 것
가만히 흐르고 있던 것
지워지고 있던 것

10월, 서면이야기

실핏줄처럼 흐르는 물줄기를
물끄러미 보다가 등줄기 굽은
뒷골목으로 시나브로 들어가는 가을
낙엽 한 장 걷으면
무덤 같은 눅진함이 스며든다

촘촘하게 들어선 서면곰장어, 서면실비
바보주막, 양곱창집, 수빈장모텔, 녹산횟집
오리랑탕이랑, 따오기포차, 자매실비집
강촌곰탕집

흘러내린 콧물 후르륵대고
터진 손등 휘두르며 내달리던 동네
어깨 부딪히며 바삐 서둘러
저녁장사 시작하는 오후 다섯 시
콤콤하게 삭은 나뭇잎 몇 장
걷어내고픈 시간이다

3부

비 내리는 날

엄마 냄새

빈대떡에서 엄마냄새가 났다
손끝에 남은 콩기름 냄새
옷깃에 남은 밀가루 하얀 냄새
담장을 넘나드는 엄마 냄새

김씨의 휴대폰

호계장 김씨는 휴대폰이 생겼을 때
가볍게 손쉽게 편리하게
마음을 나눌 수 있을 거라 말했다

휴대폰이 자꾸 발전하고
기능이 추가될 때마다 김씨는
한숨을 쉬면서 전화기를 뒤졌다

술 한 잔 나눌 사람 없나 했고
이야기 나눌 사람 없나 찾았다

고개를 숙이고 다니는 젊은 사람들은
맑은 하늘보다 밝은 보름달보다
앞에 앉아 있는 친구보다
휴대폰 속 문자메시지와
카톡과 게임이 더 가까웠다

휴대폰이 생활의 모든 것이 되었을 때
김씨 주변 사람들은
자꾸 공허하고 허전하다고 이야기했다

夏午

부산시립미술관 횡단보도에서
직각으로 꺾어지는 바람 본다
길, 우회전으로 돌아가고
가로수 헛기침으로 햇살은
좌회전 했다
여름 향해 따박따박
흔적 남기는 하이힐
그림자 남길 무렵
새까만 개미 한 마리
더듬이 흔들며 유턴하고 있다
일사병 걸린 아스팔트에서
길게 늘어지는 환상 본다

커피향 아롱대는 뜰에서

봄 커피 향으로 왔다
목련보다 진달래보다 깊고
천리향보다 진한 향기
뜨락에 멈추어 향기를 맡는
저 바람 얼굴이 환하다
몽실몽실 손아귀에 쥐어질 듯
하롱하롱 아침이슬에 떨어질 듯
몽환처럼 꽃잎 내릴 때
봄은 커피 향을 데불고
깡충대며 거리를 다녔다
차박차박 언덕 내려오는
개나리 숨결 바쁘다
벚꽃나무 가지에서 상현달이
흔들흔들 샐쭉거린다

청춘의 별

겨울에는 찬바람이 스며드는
창가에서 바흐의 음악 듣거나
달음박질치는 젊음 볼 일이다
백열등 불빛 아래
어깨 감싸 안은 연인과
두리번거리는 청춘 본다
손 잡거나 팔짱 낀
발걸음도 같고 방향도 같은
사람이 떠나고
쓸쓸한 사람도 지나갔다
겨울 정기세일 오십프로 광고를
뒷전으로 흘리며 젊음의 거리
디자인거리 속 커피 향 즐기거나
얄팍한 주머니 만지작거리며
겨울의 캄캄한 밤하늘보다 밝은
별이 빛났다
찻잔 식고
발걸음 힘 빠져도
언젠가 기억될 삶의 한 여운
거기서 찍어볼까
성남동 새벽 별

칼국수 생각

비 망나니처럼 내렸다
낡은 우산을 쓰고
빗물 흐르는 대로 따라 걸었다
생각 없이 걷는데
출출한 뱃속 태질하는 냄새가 났다
삼천 원 하는 빗소리가 넘치고
면발과 빗물 흘러가는
구부러짐이 같다는 걸 느낄 때
구수한 국물조차 먹어치운
철철 넘치는 깍두기
가끔 옆을 치어다보다가
돌부리에 채어 비틀거렸다
우산 사이로 비가 또 내리고
온몸이 젖어 휴지처럼 녹아내리는 날
비 미치도록 내리고
나 묵묵히 비나 맞고
뜨끈한 국물을 생각하는 것이다

비 내리는 날

비 내리는 날은 그런 날이다
흐릿하게 발자국 지워지는 날
흥건하게 옷 깃 젖는 날
바지자락 붙잡고 늘어지는 그리움조차
끌어안고 싶은 날
튀어 오르는 빗방울에 들러붙고 싶은 날
회색 구름이 편안한 날
가늘다가 굵다가 퍼붓다가 잠시 멈추는
줏대 없는 빗줄기가 반가운 날
별일 없어도 마음소리 큰 날
그런 날이다 오늘은

봄, 3월에 기대어

알몸으로 찾아온 삼월은
산기슭이나 밭의 한편에서
찬 기운에 바들바들 떨기도 하고
동동 구르면서
분홍빛 하루를 산다
본능이라는 것 내려놓고
조근조근 마주하는 그리움
눈시린 그날을 산다
가슴 설레는 기다림 속
깊은 아쉬움도 듣고
안타까운 나비의 춤을 산다
꽃이 되어 모퉁이 돌아오는
사랑을 보며 산다

별신굿

별을 따나 보다
바닷물만큼 많은 영혼
당에 불러 탁주 한 잔 섞고
방풍나물과 알싸한 고추 몇 점
상쇠소리 흔든다
장구소리 지저귀는 마당에
퍼지는 징소리 따라
무당의 사설도 마음을 후비며
사박사박 춤사위
노랗고 하얀 색동자리
앞으로 뒤로 위로 아래로
흔들며 춤출 때
에헤라 꽂히는 돈 봉투
두께 맞춰 어깨춤 높아지는
동해안 별신굿 굿판이나 벌려볼까
울주군 진하마을 풍어를 기원하고
마을이 평안하기를, 잘되기를
바래고 두드리고 때리고 치는,
신이라도 왔을까. 님이라도 왔을까
나이 들어 주름진 손으로,

시간 흘러 골진 이맛살 주름으로,
굽어보고 살피고 다듬는
별신굿. 손바닥 비벼 온기 느껴
아들과 손주 가족의 염원을 담는,
어허라 한 판 놀자
바다 나가 고생하다
행여 생을 접어도 산 사람은 살아야
어제를 기억하고 내일이 있음인데
그래도 올 한해 언제라도
내 사람 무사하고 생물 많이 건져
입성 풍부하고 집안 번성하기를
편안하고 행복하기를
비나이다 비나이다
에헤라 별신 별신이야

시인의 방

시인의 방은 가끔
폭설 내려 길 막고
황사 불어 눈 감게 하거나
태풍 불어 지붕 날아가기도 한다

폭우 내려 농작물이
떠내려가고
사람 땀 냄새 섞인
고구마 배달되기도 한다
그리고 시장 사람 신음소리가
문 열기도 한다

시인의 방에는 종종
낙엽 바람 햇살 비
달 별 구름 다녀가기도 한다

더러 새 들어오고 나비 들어와
꽃향기 내리는가 하면
이웃집 아기 울음소리도 전해주는데
고약한 병으로 돌아가신

어른의 소식은 시인의 방을
어둡게 만들기도 한다

조그만 시인의 방은
토론 가끔 열띠고
뒷짐 지고 방관하는 사람 있고
밖을 기웃거리는 사람 있다

시인의 방은 조금 소란스럽다

적선(積善)

전화 한 통

태풍

관절이 꺾이는 고통
한사코 참고 있다가
쏟아내는 거친 호흡
그렇게 가쁘다

있는 힘껏 부딪치다가
멈칫거리는 몸 하나
편두통처럼 빌딩풍 지나면
떠다니는 파편 몇 개
그림자 남기고 있다

산에서 숲에서 흙에서
안개 같은 미립자 하나 둘
응집하는 남태평양

나무였다가 꽃이었다가
습한 세포 되어

뒤집는다 상처 딱지 떼어내듯
연분홍 살갗
마음껏 내놓고 있다

미열

가끔 아니 자주 자살 꿈꾼다
조금 더 상세한 계획 생각한다
더러 자괴감 빠지고
사는 게 무의미하다는
결정적 사고의 끝에서 보는
쓰러진 잡초의 삶이
얼마나 비참한지
비열함 창피함 무기력함인지를
뼛속 깊이 안다
수면제가 좋을지 제초제가 좋을지
미열이 생길 때마다 궁금한 것들
그것이 다가와 가쁜 가슴 긁는 것이다
죽으면 이것저것 필요 없으니
갓길에 버리거나 불에 탄 뼛가루
물살에 던지면 덧없이 흐르다가
어느 물고기의 뱃속에서
잠시 영양 있는 먹거리가 되었으면
좋겠다는 생각도 한다
맑은 날도 그렇고 흐린 날도 별 차이 없이
열의 온도가 오르내릴 때
그는 몸소 체험하고 싶어 한다

안락사 방법 찾으며 맥박
끊어지는 편안함 꿈꾼다
의미 없는 생각 의미 있다고 생각하며
그것도 사는 거라고 생각하며

양파 썰기

동심원 부분 그 경계 있다

파장의 놀람 속에서 배어 나오는
날카롭고 매운 향기

팽팽했던 삶의 순간마다
하나씩 늘려왔던 욕심이
틈 속에 생겨나고 있다

연하고 아삭한 알싸하고 매콤한
양파도 그렇게 흔들리고 있다

자주 비틀거리며 눈물 흘리며
둥글게
세상을 매조지하고 있다

4부

전율

정자 바다

어둠이 바다로 스며들 때 파란
여름 철썩이며 길 건넜다
바다에도 횡단보도가 설치되었는지 모른다
두 줄 직선의 길이 놓여 있는
페인트 위 낯선 시간 머물렀다
파돗길 따라
모래 덮고 찜질하는 어둠이
반짝이며 수평선에 섰다
짙은 바다는 커피 향 맡으며
첼로 무반주곡 듣는다
헤쳐져 사라진 신명의 어느 골짜기
철썩이는 바닷소리 아직 듣는지 모른다
밤 깊을 대로 깊어진
정자바다 얕은 기침 쿨럭인다

당사 포구에서

동해안 작은 포구 당사에
푸른 물길이 돌았다
바닷속 돌고 돌아 다시 만나는
해녀의 활기찬 물질 따라
아침 출발하는 뱃머리에서
여명의 따스함을 느끼면
나는 작은 파도가 된다

비늘같이 반짝이는 파도
수정구슬처럼 구르면
아, 잊지 못하는 얼굴있어
한 줄 편지 수평선에 남기고
벽화 따라 오르는 골목길
장미꽃 한 송이 소리 없이 지고 있다

우가포에서

우가포는 사랑한다

참나리 몸이고 싶은
바다소나무 주변
숨죽이는 해국 보며
바다 물방울이 된다

수천 번 바위 때린들
수십 번 자맥질해본들

갈라지고 찢어지고 터지는

숨 막혀 오열마저 멎는
먹먹한 사랑 한다

호계장 · 8

사람들은 얼굴만 봐도 즐거웠다
생선에서 나는 비린내쯤
오리고기 굽는 냄새 닭강정 굽는 냄새쯤
반가운 얼굴 보는 것에 비할까

점심때 둘 셋씩 모여
쪼그려 앉은 오봉 상
김치찌개 된장찌개는 식는데
행여 손님이 올세라
두리번거리는 눈칫밥 먹어도
히죽 웃는 얼굴 하나면
세상 모든 것이 통하는 장날
고만고만한 삶의 덩어리
주름진 얼굴이라도 빙긋 바라보면
오늘보다 내일이 흥겨울 사람들이다

감포바다

바다를 건지는 낚싯줄에
젖은 눈이 어른거렸다

팽팽한 수평선에
드문드문 내려놓는 설움이
감포바다 껴안고 넘어갔다

긴장으로 뭉쳐진 속내 무너져
조물조물 주물러 던지는 안타까움

주상절리 갯바위 틈으로
흘러
질긴 시간 벼린다
차가운 바람 소용돌이치는
작은 바닷가 소읍에
헛헛한 눈빛 스며든다

호계동 사람들

따뜻한 봄바람 불었다
칡즙 양파즙 건강탕 내리는 밀양댁
꽁꽁 얼린 통 들고 양산박
식당 문 들어섰다

이거 몸에 좋은긴데 신랑 주라
노기가 부아가 묵고 통은 행가가 주문된다
그기 무꼬
그른기 있다 야튼 잘 무래이
여 맛인능기 많네 가죽도 있고
하나 무바라 좋다
우리 마당에도 가죽 있다 아이가
글채 거두 있다 그자
내 간대이 잘 무라
오야 잘 가래이

하얀 나비 나풀거리며
호계역 데리고 사거리 돌았다

동피랑 벽화마을에서

꺾어들면 햇살 길
돌아들면 바닷길에서
물비늘 갈라지는 통영바다
그 소리 듣는다

서호시장 시락국 맛이나
중앙시장 비릿한 거기
세병관 함성소리 들으며
산비탈 좁은 길
어깨 총총한 마을에서
거북등처럼 갈라진
삶의 모습 듣는다

파팍한 등짝 기대는
동피랑 전망대
통영을 질문하고 있다

입맞춤하는 시간

각진 건물 옆으로 흐린 바람 돌았다
호기심 가득한 눈빛 뒤를 따르며
여기저기 들여다보고 있다
오래된 건물 이층 이파리
수상하다며 솔깃 관찰하고
별 것 아니라는 표정으로 돌아섰다

나뭇가지 차고 오른 새 한 마리
하늘 같은 파란 창문에
립스틱 바르며 요즘 세상 좋아졌다고 생각한다
하늘하늘 날아다니는 나비도 지금
입맞춤하는 시간이라며 달달한 배춧잎 엿보고 있다
녹색 커튼 치고 세상과 단절한 마당도
입맞춤하는 시간 벼르고 있다
무엇으로 사는지
어떻게 태어났는지 다 안다는 듯
기회 노리고 있다

상강(霜降)에 내리는 비

첫눈 내렸다는 강원도
벌써 서리가 생겼다는 경북 봉화
설악 단풍 오대산 지나 속리산 덮었다는
소식 듣고 곧 겨울이 오겠다는 생각으로
단감 따고 벼 수확하는 사람에게
서리 내리면 농사는 끝난다며 바쁜 날
상강(霜降)에 내리는 비는
이도저도 못하게 하는 얄궂은 비라서
그다지 반갑지 않습니다
아무래도 비 오는 날은 여름이나 가을이나
공치는 날이라서 꽃을 키우는 최씨와
꽃을 유통하는 김씨의 하루는 아침부터 우울합니다
괜히 심술이 나고 일이 손에 잡히지 않는데
지나가다 들렸다는 이씨와 차를 한 잔 나눕니다
비가 그치면 기온이 뚝 떨어진다는 예보에
걱정도 깊어지고 움직이는 것도 심드렁할 때
그러지 말고 술 한 잔 하자는 신씨의 말에
활기를 찾는 사람이 있습니다

전율

점심 후식으로 사과를 먹다가 깜짝 놀란다
이런 달콤함이라니!
상큼한 맛에 이어 입을 만족하게 만드는
또 다른 즐거움이 닥쳐온다
밥보다는 다른, 김치보다 다른
몇 배나 더한 단맛으로 많은 것을
잊는다

숱하게 많은 신경질과
삿대질과 함께 한 거친 짜증과
요즘 정치가 너무 개판이라는 솔직함과
코로나 19 바이러스 긴급한데
눈치 보기에 바쁜 국회의원의
한심한 작태에 진저리 쳐질 때
한 입 베어 문 입안의 달콤함은 무엇인가

그런 모습에 질 낮은 전율을 느낀다

5·18 민주화공원묘지에서

그날도 그랬다
비는 내리고
무덤 앞 풀잎에도 물방울이 맺혔다
장송곡 슬픈 음계는 계단을 만들어
힘들어하는 할머니의 무릎을 짚고
광장을 한 바퀴 돌았다
집 나간 손주 사흘이 지나도
돌아오지 않는다고 통곡하던 할아버지
얻어맞아 시퍼런 멍이 든 할머니의
가슴속 회한이 추념탑 위를 돌았다

버스 유리창은 깨지고 최루탄이 터지고,
죽은 아이의 발을 하나씩 잡고
덜렁덜렁 흔들며 내려오는 계엄군 병사
눈이 돌았네 저! 저! 저!
눈물이 흐르고 악이 받쳤네

"걔는 병원으로 갔다던데, 살았는지 죽었는지 알 수 없지."

이 세상에서 무얼 바라겠나,
오로지 평안과 행복과 사랑만을 바랬네

우리가 무얼 잘못했냐. 거기!
살갗이 터지고 머리가 깨지고
손과 발이 부러져도 기어서라도 가겠네
도청 앞 푸대자루처럼 늘어진 시민의 주검.
살아있다는 것이 더 부끄럽고
힘이 없다는 것이 더 안타까워
목청이라도 높여 계엄군은 물러가라
외치고 소리질러도 기관총과 탱크 앞에서
사랑하는 사람의 얼굴이 까매지고
친구의 비명이 들리고, 가족의 눈물이 보이고
의식은 희미해져 여기가 어딘지
움직이지 않는 몸 빗줄기에 기대어
먼저 간 친구, 형, 엄마를 불러도
그 목소리 들리지 않고 얼굴도 잊혀져
무덤 앞 비석에서 찾는 내 가족
그리고 친구야

오월 하늘도 눈물을 흘린다
뜨겁게 오열하며 흘린다

세월호 열일곱 살 젊은 별들에게

육천여 톤 육중한 세월호
생전 처음 배를 타거나 바다를 본
아이들의 호기심 어린 눈빛을 기억하는가
평생 다시 오지 않을 수학여행을 위해
며칠을 준비하고, 설레는 밤을 지내고
몇 시간 후면 도착할 제주도를 그리며
옹기종기 모여 첫날밤을 이야기하거나
색다른 추억을 모색하는 시간
배는 기울고, 선실에는 바닷물이 들어오고
순식간 혼란스러울 때
움직이지 말고 가만히 있으라는 방송
말 들었네 잘 들었네 그러나
그게 마지막일 줄 그게 끝일 줄 몰랐네
삼백 이십 오명 가운데 이백 오십 명
수중에서 절규하고 막히는 숨통 쥐어뜯으며
살려 달라 외치고 몸부림치며 호소할 때
바다는 외면했고, 뱃사람들도 뒤돌아서
모른 체 했네 자신들만 아는 전용통로로
탈출하기 바빴네

'엄마 내가 말 못할까봐 보내 놓는다. 사랑한다.'

>

침몰하는 배 안에서 마지막 보낸 문자메시지
가슴이 찢어지고, 숨이 막혀 차마 읽지 못하는
그것 두려움과 공포 속에 순진하고 착하기만 한
고등학교 이학년 우리 아이들
살아있으나 죽은 것 같고,
숨을 쉬나 멈춘 것 같은
깊은 밤은 이어지고 탈진해 눈물마저 말라
살펴볼 수 없는 얼굴들 이백 오십 명 친구야
경기도 안산시 단원고등학교 이학년 학생들아
아니 우리 대한민국의 아이들아
젊은 날의 꿈과 희망이
송두리째 떠내려가고 주검마저
찾아보기 어렵구나
돌아와다오 한 명 만이라도
타임머신이 있다면 돌아가겠네
어떡하니 어떻게 하니 동동 굴러도
소리 없이 눈물 흐르고 가슴이 먹먹해지고,
기억하자 2014년 4월 16일 오전 8시 58분
전남 진도군 조도면 병풍도 앞바다 맹골수도
그리고 팽목항의 절규와 절망

용서해다오 미안하다

위안부 기림의 날 소녀상 앞에서

노랑나비 한 마리 동상에서 날아올랐다
은행나무 잎이 연두로 빛난 오전 10시
전쟁 같은 폭염경보 아래 상기된 얼굴로 모인 사람들
바람이 되어 햇살이 되어 구름이 되어 모여 있다

1945년 8월 15일 이전의 여성들에게 하늘은 없었고
별도 꽁꽁 숨었고 달은 흐느끼고 있었다

꽃이던 10대 부용이던 20대에 끌려가
꿈을 잃고 희망을 잃고 청춘도 빼앗겨
보아도 보이지 않았고 들어도 들리지 않았고
만져도 느끼지 못하던 시대

눈을 감으면 화면 가득 고향이 나타나
빨래하던 맑은 개천 고샅길 능수버들 다 보이고
고향의 흙냄새 바람 냄새 두엄냄새 그마저 향기롭다
아! 그리워라 내 고향 우리 땅 사람들이 보고파
숨죽여 흐느끼던 날 그런 날이 있었다

노수복 이용수 길원옥 김복동 할머니…
수 천 수 만 명이 끌려가 이제 남은 사람은 몇 명

어디서 어떻게 지내는지 몰라도 그 이름 잊지 못할 할머니
그림으로 남겨도 부족하고 시로 남겨도 부족하여
썩지 않고 지워지지 않는 동상으로 기려도
사랑하는 마음 드리지 못했다
기억하지 못했다 무관심했었다
우리는 외면했고 부끄러워했고 모른척했다

담뱃불 붙여 자궁에 넣었다는 일본군이 있었고
군화발로 차고 손으로 때린 일본군이 있었다
아, 꽃들이 시들고 바람도 불지 않고 하늘이 놀라 눈물 흘릴 때
이제 광복절 그 전날 8월 14일에 아픔을 기린다
슬프고 안타까운 마음을 나누어 살을 풀고
염원을 담아 춤을 올리고 몸짓을 드린다

무심한 듯 고요하고 조용한 눈을 들어 응시하는 소녀상 앞에
태극기 들어 나라를 생각하고 굵은 붓 들어 상처 보듬어
한 발 두 두듬 生을 담았고 情을 남긴다

맑은 차 한 잔 두 손으로 올리고

지난한 세월, 남기는 이야기와 恨
잊지 않으리라, 기억하고 남기리라
절대 잊지 않으리라

백석을 좋아하는 사람

백석을 좋아하는 사람이
안개비에 젖고 있다
산기슭 외딴 집에서
개 한 마리 깊은 목소리로 울어대고
축축한 옷깃 여미는 바람도
심심찮게 전깃불을 켜곤 했다
골목길 엄마식당에서 하루를 내려놓는
강원도 청년은 술잔을 들어
친구와 고향을 나누었다
사는 것은 여기나 거기나 같은데
외지에서 느끼는 응어리진 외로움은
허전한 그리움으로 남아 가끔
눈시울을 적시곤 했다

백석을 좋아하는 사람이
젖은 채 가고 있다

5부

갓길

갓길 · 3

– 꿈꾸는 갓길

갓길에서 희망을 꿈꾼다

먼저 문자 해주고
먼저 말 걸어주고
먼저 아는 척 해주고
먼저 전화 해주면 어디가 덧나나

도서관 휴게실 탁자에 쓰여 있는
그들의 갓길은 참 절실하다

갓길 · 4

– 한때

두 손을 주머니에 넣고 길을 나선
심각한 인상의 중년 여인과
덥수룩 짙은 수염의 청년이
벤츠에서 내린 풍경 황망하다
갸웃거리는 자매들 길 건넜고
시장바구니 든 여자도 지나갔다
자전거 탄
무표정한 얼굴이 지나갔고
검은 가죽 잠바 파란 모자 지나갔다
일방통행 횡단보도 옆
좌회전 표시는 붉은색이다

갓길 · 5

– 꽃도 흐른다

비가 내리자 꽃이
후루루 떨어졌다

아, 꽃들도 그렇게 흐른다

빛나는 모습으로
지나가던 시샘 받았고
사람 마음도 훔쳤고
따뜻한 햇살 설레었으나
그래
흐르는구나

더 많은 햇살 바라고
더 많은 질투 바라고
더 많은 사랑 바랬을
꽃도 흐르는구나

갓길 · 6

– 무엇인가

후두둑 빗방울 소리 깊다
땅! 소리 났다
잎사귀에 머물던 놈이다

물방울 일침 들으며
화들짝 놀라는 것은 무엇인가

고요한 명상 속 청아한
죽비처럼
아! 탄성 내뱉은
그 순간 무엇인가

양철지붕 통한 물방울
꾸지람 무엇인가

갓길 · 7

– 얼굴

운전석에 앉아 뜬금없이
지나가는 사람의 얼굴 본다

휴대폰과 이야기하는 사람
무표정한 사람
찡그린 사람
방글방글 웃는 사람
인사 나누는 사람
미소 짓는 사람
우울한 사람

대부분 사람은 찡그리거나
무표정한 모습의 얼굴
드러내고 산다
하늘도 무심심이다 오늘은

갓길 · 8

- 일본대지진 방사능피해를 보면서

2011년 3월 11일 오후 2시 46분 일본 동북부 해안에서 발생한 9.0의 대지진으로 후쿠시마 원자력발전소가 훼손되고 수소폭발이 일어나고 방사능 물질이 대기 속에 섞여 있다는 보도가 나온 후 1개월 뒤 사람들은 작은 비가 내리거나 황사가 생기고 바람이 조금만 불어도 모자가 달린 셔츠와 마스크로 미라같이 변장하고 길을 나섰다 길은 사람들의 삶의 목표이자 도구였다 길에는 방사능이나 황사 같은 건강에 나쁜 것들은 존재하면 안 됐다 그것을 위해 세금을 바치는 정부에게 대책이 있느냐고 방지책이 있느냐고 대안과 방책을 요구했지만 기상청이나 정부관계자도 사람이라서 경험하지 못한 것들은 잘 모르겠다며 아직은 우리나라에는 직접적인 피해가 없을 것이라는 발표만 계속했다 그런 가운데 방사능과 황사는 빗물에 섞여 땅속으로 스며들어 사람들이 먹는 야채와 식물에 흡수되어 다시 아무도 모르게 사람들의 몸속으로 들어갔다

갓길 · 9

\- 봄날

잎은
아픔 안고 핀다
상실을 안고 핀다

갓길 · 11

– 점자시집

놀라워라 책 속에 봉긋하게 솟은 어린아이 젖꼭지 같은 도톰한 것들이 두 개 세 개 혹은 네 개씩 좌로 우로 서 있으면서 신호 보낸다 무수하게 찍힌 하얀 점들이 무슨 말을 하는 것 같다 유달리 큰 한 점이 말했다 외로우냐고 그리우냐고 사랑하느냐고 동그랗거나 네모이거나 선으로 구성된 문자보다 더 짙은 점 하나가 창으로 된 문자가 하는 이야기 알 수 없는 세상의 신비와 세상 속의 점들이 시보다 더 절실하고 시보다 더 진실하고 시보다 더 정직하게 가슴 때린다

갓길 · 12
– 아내

아내가 고스톱을 한다
컴퓨터 기능이 얼마나 많은지 조곤거려도
바탕화면 아이콘 클릭해
고스톱만 한다
몸보다 큰 회전의자에 양반다리로 올라앉아
눕기도 하고 옆으로 기대기도 하며
고스톱을 한다
무슨 말을 하는지 종종 입술을 움직인다
스톱을 외친다
무엇을 멈추고 싶었을까
고스톱을 하는 아내를 보면서 괜히
가슴이 먹먹해지는 것을 느낀다
비가 오려는지 바람이 차다

갓길 · 13

– 실루엣

슬리퍼 끌면서 여자가 지나갔다 사거리 카페에서 흘러나오는 건조한 음악소리 노란 벽에 달라붙는다 곁눈질로 훔쳐보는 것은 짧다 노을이 짙어가는 도시의 한 모퉁이를 스케치하는 발길 바쁘고 의미 없는 무표정이 유리창에 기댄다 늘어진 하루의 끝에서 막연히 다가오거나 스쳐 지나가는 탈것의 서지 않는 무정함 전봇대처럼 서있는 군상이 어느 날 찢어지는 소리에 흡수되고 호시탐탐 옆구리를 건드리는 것들의 세계 운동복 차림의 여자가 미어캣처럼 윈도우에 섰다

가을생각

산 만디 온종일 안개비 섭섭하다
산 아래 기슭에서는 노루와 산토끼가 떨고
낡은 처마 아래 철수 해리 태옥 미희는
옥수수 고구마 먹으며 가을을 나눌 것이다

보잘 것 없는 작은 물이 흐르고 별도 흐르는 날
도시에서 보내온 잡동사니가 신기해
얼굴 높이로 들어보고 눈빛 반짝이는 가시내
마음도 한 번 씩 훔치는 것이다

안개 밑에서 스며나오는 흙냄새
두엄 익어가는 쿰쿰한 냄새
젖은 낙엽 냄새 훈훈한 날
어디서 멍멍 개 짖고 차츰 드러나는
회색 민낯 보는 것이다

노트를 읽으며

일 년 동안 매일 아침 열어보고
하루를 생각하고 기록하던
노트를 보면 그렇게
중요한 것도 없이 평범하고 일상적인
것들이다 간혹 여행을 다녀왔다거나
몸이 아파 병원을 다녀왔다는 것
비가 내리고 바람이 불고 도로가 시끄럽다는
그런 것들과 함께 일 년을 보내는 마지막 날
십이월 삼십일일에 새 노트를 옆에 놓고
헌 노트를 읽는다
내년에도 별 탈 없이 이 노트의 끝을 보며
정리하고 반추할 수 있기를
새해 소망이라는 막연한 것들에게
그저 평안하고 수수한 일상이기를
좀 더 차분하고 낮아지고 겸손하기를
한 해를 살아온 기록을 보며
평범하게 조용하게 하늘을 볼 수
있었다는 것에 감사한다
별을 볼 수 있었고 달을 볼 수 있었던 것과
그리운 사람들에게 감사한다
다시 하루를 이어갈 수 있다는 것에
감사한다

소통과 여유, 골목과 갓길의 시학

김 순 진(문학평론가 · 은평예총 회장)

작품해설

소통과 여유, 골목과 갓길의 시학

김 순 진(문학평론가 · 은평예총 회장)

문모근 시인은 내가 가장 사랑하면서 존경하는 친구다. 나보다 한 살 위인 문 시인과 나는 서로에게 경어를 쓰면서 단 한 번 의견충돌 없이 20여년을 지내왔다. 그동안 나는 시집 네 권을 냈고 문 시인은 다섯 권 째 내고 있으니 육십 성상에 오뉴월 하룻빛처럼 도토리 키재기 차이다. 누가 도토리의 키를 재랴마는 그런 속담이 나온 것을 보면 끼리끼리 어울려 사는 사이라는 말일 게다. 그동안 문모근 시인과 나는 정말 먼 거리를 정말 가깝게 지내왔다. 형만한 아우 없다고 문 시인은 배려심이 많은 사람이다. 지금까지 우리가 정답게 지낼 수 있었던 것은 문 시인의 배려 덕분이 아닌가 생각한다. 울산과 서울을 거리로 치면 자주 만나기 어려운 거리지만 그는 내가 진행하는 스토리문학 행사에 한 번도 빠지지 않고 열일을 제치고 달려와 주었고, 나 역시 그를 만나기 전 한 번도 가보지 못했던 울산엘, 문 시인을 찾아 여러 번 방문했다. 고려대 평생교육원 제자들 40여명을 이끌고 내려가 한 밤을 자며 시화

전을 열기도 했고, 아내를 동반하여 내려가기도 했다. 그 역시 서울은 물론 내 고향 포천까지 여러 번 올라와 함께 잠을 자며 정을 쌓기도 했다. 나는 은평문인협회 회장을 지냈고 그는 현재 울산 북구문학회 회장을 지내고 지금은 고문으로 활동하고 있으며 분야는 다르지만 함께 출판 일에 종사하고 있어 하는 일도 비슷하다. 나는 문모근 시인과 떨어져 산다고 생각지 않는다. 마음으로 문모근 시인과 나는 한 골목의 마주 보는 집에 사는 사이다. 문을 열면 건너편에 사는 사람들의 기침소리 말소리가 들리고, 동태찌개를 끓이는지 된장찌개를 끓이는지 냄새가 건너와 안부를 대신하는 그런 사이, 우리는 그동안 그런 사이로 지내왔다. 기침소리 말소리는 안 들리지만 그의 마음소리가 늘 내 가슴을 울리고, 동태찌개 된장찌개 냄새는 안 나지만 늘 사람 사는 향기가 나는 문모근 시인! 늘그막에 그런 친구를 곁에 두고 함께 할 수 있어 내 삶이 윤택하고 행복하다. 그는 내가 만난 최고의 친구, 하늘이 갈라놓기 전까지 어떤 경우든 우리는 서로의 응원자 지지자가 되어주며 함께 살아갈 것이다.

그럼 이쯤에서 문모근 시인의 내면세계를 관찰해보자.

여름이 들어서고 있다
신부전증을 앓는 무더위가 그 뒤에 섰다
감기 걸린 오후 두 시가 콜록대며 뒤따랐고
고물 수집 차량의 확성기에서 늘어진
테이프 맥없는 목소리 높였다
며칠 소란스럽던 건물신축 공사장

부른 배 두드리며 낮잠에 빠져들고
뜨겁게 달궈진 햇살 삼지창처럼
옥수수 끝에서 빛이났다
입술 삐죽 내밀고 토라진 호박꽃
말하고 표현하고 행동하는데 자신감이 생긴다며
커다란 잎사귀 벙긋거렸다
담장 위에서 잠자리 몇 마리
갈짓자로 날았고
해그림자 조용히 한 뼘 물러났다
개미 행렬은 여전히 바쁘고
고양이 한 마리 소리 없이 지나갔다

– 「골목」 전문

골목은 여러 가지 특성을 지녔다. 생활구조로 따지면 농어촌보다는 도시에 가깝다. 땅값이 제법 비싸고, 가까운 곳에 시장이 있고, 근처에 마을버스가 다니는 동네……. 동네 입구에 선술집 몇 개 있고 편의점이나 구멍가게가 생활용품을 공급해주는 그런 동네, 가끔 부부싸움을 하는 소리가 들리고, 술에 취한 사람이 '번지 없는 주막'이나 '천등산 박달재'를 혀 꼬부라진 소리로 부르며 지나가는 동네, 그러면 개들이 멍멍 짖고, 누군가 창틀을 딱 하고 부딪쳐 창문 여는 소리가 들리는 곳이 골목의 생활구조라 할 수 있겠다. 가끔 부침개 부치는 소리가 담을 넘고, 고등어 굽는 냄새가 고픈 배를 더 고프게 하는 동네. 비 오는 날 국수 삶은 집의 멸치육수 냄새에 빨리 집에 들어가고 싶은 동네가 골목이 아닐까? 그러나 인간의 생각구조로 따지면 도시보다는 농어촌에 가깝다. 아파트나 빌딩 숲에서는 볼 수 없는 아이들의 인사가 '나도 이젠 제법 어른 축에 속하는구나.'를 실감할 수 있는 동네, 손에 든 시장 바구니를 보고 무얼 그리 많이 샀느냐며 떠들어보는 동네, 상중(喪中)이나 기중(忌中)이라고 대문에 붙은 문구에, '아 저 집에 초상이 났구나!'하며 그리 친하지 않아도 장례식장을 찾아가 문상을 하는 동네, "안녕하세요? 새로 이사 왔어요. 잘 부탁드립니다."라며 시루떡을 나누는 동네, 군대에 가는 남의 집 아들의 등을 두드리며 안타까운 마음에 속고쟁이에 덧 꿰맨 주머니에서 꼬깃꼬깃한 만 원짜리 한 장 꺼내주는 할머니가 사는 동네……. 그러나 문모근 시인은 이 시 골목에서 사람을 들이지 않는다. 인적이라 봐야 고작 "고물 수집 차량의 확성기에서 늘어진 / 테이프 맥없는 목소리"뿐이고 신축공사장과 옥수숫대, 호박잎, 잠자리, 해그림자, 개미행렬, 고양이 등이 골목을 이루는 주인공들이다. 왜 이런 시를 썼을까? 그것은 문모근 시인이 시적 표현에 있어 무의미의 의미심장함을 알기 때문이다. 시에 있어 주장은 이데올로기다. 시는 이념을 추종하지 않는다. 시에 있어 주장은 에주케이셔널즘이다. 시는 훈계나 교육이 아니며 더욱이 계몽도 아니다. 시는 그 시인이 단 한 번만 볼 수 있는, 아무도 보지 못한 그 어떤 것이며, 그를 위해 문 시인은 사람을 들이지 않고 사물로 사람을 대신한다. 그렇지만 문모근 시인의 이 시 골목에 등장하는 사물에는 모두 대상이 숨겨져 있다. '맥 없는 테이프'는 실물경기이고 '신축공사장'은 경기가 좋아질 것에 대한 기대감이며

'옥수숫대'는 희망, '호박잎'은 고향, '잠자리'는 유년, '해그림자'는 그리움, '개미행렬'은 서민, '고양이'는 이방인 혹은 관찰자로 문 시인은 사람을 들여놓지 않고도 충분히 사람 사는 이야기를 하고 있는 것이다.

월요일에는 우체국을 간다
주소를 적고
이름을 적은 뒤 우편번호를 적으면
받는 사람 얼굴이 떠오른다
편지지 가득 넣은 마음 한 장
받아보고 웃을지 슬퍼할지
조마조마하면서 부치는 편지
안부라는 게 그러그러하고
사는 게 다 그렇다고 해서
그리움이 멈추는 건 아니다
하늘이 맑으면 맑은 대로
비가 오면 오는 대로
한 움큼 쥐어지는 보고픔
그마저 조금씩 흘리며 산다
그렇게 뒤를 보면서 산다
월요일에는 우체국을 간다

- 「월요일에는 우체국을 간다」 전문

이 시는 이 시집의 제목이 된 표제시다. 처음 나는 이 시를 받아들고 문 시인한테 전화를 했다. '월요일에는 우체국을 간다'가 아니라 '월요일에는 우체국에 간다'가 맞는 것이 아니냐고. 문 시인으로부터 즉각 반문이 왔다. '우체국에'는 어쩌다 가거나 공무로 가는 것인데 반하여 '우체국을' 가는 것은 어떤 특수한 목적을 가지고 가는 의미가 강하다는 것이 그의 설명이었다. 이에 나는 그 대답을 듣고 '월요일에는 우체국에 간다'와 '월요일에는 우체국을 간다'를 여러 번 반복해서 말해보며 그 의미를 곱씹어 생각해보았다. 그리고 결론에 이르렀다. 그동안 나는 '울산에' 간 것이 아니라 '울산을' 간 것이었다. 일백만 명이 살고 있는 '울산에' 간 것이 아니라 문모근 시인이 살고 있는 '울산을' 간 것이었고, 앞으로도 그럴 것이다. 문모근 시인이 굳이 이 시의 제목을 「월요일에는 우체국을 간다」로 하고 싶었던 것은 월요일이 되면 필연적으로 '우체국을' 향해 발걸음을 옮기기 때문일 게다. 현대사회는 SNS 사회다. 휴대폰 카톡이나 문자로 결혼식 청첩장을 보내거나 생일을 축하하는 시대니 '우체국을' 가서 편지를 부치고 엽서를 보내는 일은 희귀한 일이 되었다. 음성언어로만 대화를 하던 과거의 전화기는 발전을 거듭하여 세계는 지금 문자언어의 홍수 속에 살고 있다. 이모티콘이 수없이 개발돼 판매되고, 아바타나 줄임말들이 빠른 의사소통의 도구로 사용되고 있다. 그런 디지털시대에 편지를 부치러 우체국을 가는 일은 어쩌면 시대의 흐름에 뒤쳐진 아저씨로 보이거나 아날로그방식이라 생각할는지 모른다. 그런데 누가 귀찮은 일을 감수하며 일부러 편지를 쓰러 '우체국을' 가겠는가? 그것은 정성을 들여야만 할 수 있는 일이다. 문모근 시인이 '우체국을' 고집하는 이유는 따로 있다. 상대방에 대한 생각을 극대화하자는 말이다.

상대방에 대한 배려를 극대화하자는 말이다. 그리하여 상대방에 대한 그리움을 극대화시켜 편지를 받는 사람에게 특별한 서정을 선물하면서 본인 스스로에게는 가슴 따스히 사는 방법을 유지시켜주는 일일 게다.

살기 어렵고 고달픈 약자의 선택은
꼿꼿이 버티기보다 아침이슬 모이는 기슭에서
섬광처럼 꽂히는 환상 보다가
보여줄 것 없는 야윈 속물 내놓고
온몸 산화시키는 것이다

쓰러져 안드로메다, 천왕성, 명왕성 아니면
수천 조 광년 여행의 시작으로
공기로 순환하거나 세포 속 미생물로 살아가거나
육중한 몸의 하나로 다시 로드킬 당할지

순간과 찰나를 넘나드는 우주를 꿈꾸며
찬란하고 몽환적인 무의식의 공간에서
존재하는 의미와 삶의 언저리를 몰입하고 있을지

-「로드킬」 전문

우리 사무실이 있는 녹번동 고개에는 응암동의 백련산과 녹번동의 북한산 줄기 사이에 큰 구름다리가 하나 놓여져 있다. 아래로는 차량들이 무수히 지나다니고 구름다리 위로는 좁은 산책로와 함께 사람이 들어가지 못하도록 철망을 쳐서 막아놓은 동물들의 이동통로가 있다. 나는 동물들이 실제로

저 이동통로로 다니는지는 보지 못했다. 엄청난 공사비를 들여서 동물들이 이동할 수 있게 통로를 만들어준 것은 잘 한 일이나 실효성이 있는지는 의문이다. 앞으로 우리나라에서 야생동물을 기대한다는 것은 어려워질는지 모른다. 무분별하고 무차별적인 난개발로 인하여 야생동물들이 살아갈 서식공간을 잃고 있다. 10여 년 전 쯤 10월의 어느 밤, 나는 가족과 함께 강원도 영월의 김삿갓계곡으로 차량을 몰고 들어가려 하다가 되돌아 나온 적이 있다. 겨울잠에 들려는 북방산개구리들이 김삿갓계곡 개울로 내려오는 모습이 장관이었다. 계속 차량을 진행했다가는 수 백 마리의 북방산개구리를 죽이고 말 것 같아서 나는 가족들을 설득하여 김삿갓계곡에서의 별 관찰을 포기하고 다른 곳으로 행선지를 바꿔야 했다. 그런데 지금은 그런 개구리마저 개울에서 보이지 않는다. 어젯밤에도 포천 고향집에서 서울로 올라오다가 고라니로 보이는 동물이 로드킬로 희생된 채 도로에 누워 있어 가까스로 피해서 운전해온 적이 있다. 인간의 이기주의로 인해 지구상엔 동물들이 살아갈 공간이 없어지고 있다. 빠르고 편하다는 이유로 개발되는 고속도로는 고라니나 사향노루를 비롯하여 살쾡이, 들고양이 등이 하룻밤에도 수백 마리씩 전국에서 로드킬로 희생당한다. 그런데 정부에서는 특별한 대책을 내놓지 않고 있다. 야생동물은 우리가 지켜야 할 환경이다. 야생동물이 서식하는 숲이 있어야 우리는 건강한 삶을 영위할 수 있는데, 생태보전지구는 물론 녹지보전지구까지 파괴하려는 우리 인간은 빠르게 간다는 마음보다 슬로우시티 정신으로 살아야 한다. 인간이 패

스트푸드보다는 슬로우푸드로 천천히 먹고 천천히 가고 천천히 살기를 실천할 때, 희생되는 동물이 없어지지 않을까 하는 생각을 해본다. 우리나라에는 로드킬예방협회라는 사설단체가 있고, 그곳에서는 로드킬신고앱을 운영하고 있다고는 하지만, 그 정도로 로드킬이 막아질는지는 미지수다. 문모근 시인은 그렇게 로드킬 당한 동물들은 "안드로메다, 천왕성, 명왕성 아니면 / 수천 조 광년 여행의 시작으로" 멀고 먼 여행을 떠난다며 위안을 삼는다. 문모근 시인의 시에는 제목에서 등장하는 주인공들이 등장하지 않는 것이 특징이다. 말하자면 딴청부리기, 낯설게하기에 성공하고 있다.

별을 따나 보다
바닷물만큼 많은 영혼
당에 불러 탁주 한 잔 섞고
방풍나물과 알싸한 고추 몇 점
상쇠소리 흔든다
장구소리 지저귀는 마당에
퍼지는 징소리 따라
무당의 사설도 마음을 후비며
사박사박 춤사위
노랗고 하얀 색동자리
앞으로 뒤로 위로 아래로
흔들며 춤출 때
에헤라 꽂히는 돈 봉투
두께 맞춰 어깨춤 높아지는
동해안 별신굿 굿판이나 벌려볼까
울주군 진하마을 풍어를 기원하고

마을이 평안하기를, 잘되기를
바래고 두드리고 때리고 치는,
신이라도 왔을까. 님이라도 왔을까
나이 들어 주름진 손으로,
시간 흘러 골진 이맛살 주름으로,
굽어보고 살피고 다듬는
별신굿. 손바닥 비벼 온기 느껴
아들과 손주 가족의 염원을 담는,
어허라 한 판 놀자
바다 나가 고생하다
행여 생을 접어도 산 사람은 살아야
어제를 기억하고 내일이 있음인데
그래도 올 한해 언제라도
내 사람 무사하고 생물 많이 건져
입성 풍부하고 집안 번성하기를
편안하고 행복하기를
비나이다 비나이다
에헤라 별신 별신이야

– 「별신굿」 전문

어릴 적 가정집에서 굿하는 것을 자주 보았다. 큰어머니는 자주 굿을 하셨다. 집안에 누가 아파도 쾌유를 비는 굿을 하셨고, 자식이 공부 잘하기를 비는 굿, 농사가 잘 되기를 비는 굿도 하셨다. 큰어머니네 집 이웃집에는 무당이 살았다. 나는 그 무당집 마당에서 작두를 타고 신주를 흔들며 큰 칼로 긴 천을 단번에 자르고 나가며, 신주를 뽑아 괘를 이야기하는 무당을 보았다. 정말 신기하기도 하고 재미도 있었다. 그렇게 굿이 성행하다가 어느 날 새마을사업이 시작되면서부터 미신타파라고 하여 굿은 배척되었고 우리 곁에서 사라지게 되었다. 학교 가는 길목에는 서낭당이 있어서 그곳에는 자주 굿을 하거나 치성을 드리고 남은 사과나 배가 버려져 있었는데, 나는 무서움이 별로 없어서 그걸 먹은 적도 있다. 굿을 하던 무당은 교회에 나가다가 노환으로 돌아가셨다. 당시의 굿은 모두 개인의 안녕을 비는 굿이었다. 그런데 지금은 집에서 굿을 하는 사람은 거의 없어졌고 굿당에 가서 굿을 하거나 술장사를 하는 사람들이 가끔 푸닥거리로 굿을 하는 경우가 있다고 한다. 그런데 문모근 시인이 시제로 쓴 '별신굿'은 개인의 안녕을 비는 굿이 아니다. 풍년이나 풍어를 기원하거나 나라의 안녕을 비는 굿이다. 옛날에는 3년이나 5년에 한 번씩 마을의 안녕을 위해 굿을 했는데 특별한 신 즉 성황님께 빈다고 해서 별신굿이라 일러왔다. 그런데 안동지방 하회마을에서는 500년 전부터 10년에 한 번씩 섣달 보름날에 별신굿을 해왔다고 한다. 별신굿을 한 다음 성황님을 즐겁게 해드리기 위해 탈놀이를 해왔는데, 이를 안동하회별신굿탈놀이라 칭해온 것이다. 과거에는 마을의 안녕을 기원하는 뜻이 깊었으나 지금은 공연관람 개념의 안동하회별신굿탈놀이가 이어져오고 있는 줄 안다. 그런데 문모근 시인이 본 것은 울주군 진하마을에서 열리는 풍어 기원의 별신굿이었다. 우리나라뿐만 아니라 전 세계 어느 나라나 농업사회에서는 토템 샤먼이 발달했다. 토템은 서낭당이나 바위, 장독대, 시렁 등에 떡이나 제물을 올려놓고 가정의 안녕을 비는 행위로 이를 토테미즘이라 했고, 샤먼은 무당, 즉 신을 불러들일 수 있는 사람을 불러 신을 불러 가정이나 마을, 국가의 안녕을 비는 수단이었다. 따라서 토템은 큰 돈이 들어가지 않으면서 암묵적인 행동을 발달해온 반면 샤머니즘은 굿을 하지 않으면 '죽는다, 망한다, 이별한다' 등의 공갈에 의한 행위로 발달하기 때문에 돈을 요구하는 행위가 시작되고 점차로 빠져들어 급기야는 패가망신에 이르는 사람들이 생겨나게 된 것이다. 그래서 개인의 굿은 단속하게 되었고 지금은 단체굿, 별신굿 정도가 명맥을 이어오고 있는 것이다.

전화 한 통

- 「적선(積善)」 전문

촌철살인이라는 말을 이런 때 쓰는 것이 아닐까 하는 생각이 든다, 나도 이런 시를 쓰고 싶었지만 아직까지 한 번도 이런 시를 쓴 적이 없다. 이러면 시가 아닌 것 같고, 흉잡힐 것 같고, 어쩐지 이런 시를 내놓을 용기가 없어서 말이다. 그래서 문모근 시인이 부럽기도 하다. 고독하고 외로운 사람들에게 적선은 돈이 아닐 것 같다. 문모근 시인의 말처럼 「전화 한 통」이 가장 귀한 적선이 아닐까 생각한다. 나는 누구에게 이렇듯 간절한 적선을 해본 적이 있을까? 김영승 시인이 반지하에 살고 있는데 구청에서 와서 창문 틈 사이로 물었다고 한다. "아저씨 뭐가 필요하세요? 아저씨 뭐가 불편하세요. 도와

드릴게요."라고 하니까 김영승 시인은 "제발 그 햇빛 좀 가리지 마시오"라고 했다고 한다. 햇빛이 그리운 사람에게는 햇빛이 들게 창문을 가리지 않고 이동해주는 게 가장 큰 적선일 것 같다. 때문에 나는 시에 목마른 사람들에게 시를 가르친다. 내가 시를 가르치는 일은 누군가를 가장 잘 도울 수 있는 일인 것 같아서 말이다. 어느 봄날, 밍크코트를 입은 귀부인이 길을 가다가 민들레 미나리 한 움큼을 내놓고 파는 할머니에게 물었다. "할머니 하루에 얼마나 파셔요? 이거 다 저를 주세요. 제가 2만원 드릴 게요." 그러자 할머니는 "그렇게는 못 팔아요. 한 무더기씩만 팔아요."라고 했다. "아니 왜 못 팔아요. 돈을 드린다고 하잖아요?"라고 귀부인이 묻자 할머니는 대답했다. "이 나물을 한꺼번에 다 팔면 나는 여기 양지쪽에 앉을 이유가 없어져요." 할머니는 나물을 판다는 이유를 들어 해바라기를 하고 계신 것이었다. 돈을 많이 드리는 것도 적선이 되겠지만, 너무 연로한 분들에게는 돈보다는 "집이 덥진 않으세요? 요즘 무얼로 진지를 잡수세요?"라는 따스한 전화 한 통이면 최고의 적선인 것 같다. 진정한 적선은 따스한 마음에서부터 시작되는 것이 아닐까?

어둠이 바다로 스며들 때 파란
여름 철썩이며 길 건넜다
바다에도 횡단보도가 설치되었는지 모른다
두 줄 직선의 길이 놓여 있는
페인트 위 낯선 시간 머물렀다
파돗길 따라

모래 덮고 찜질하는 어둠이
반짝이며 수평선에 섰다
짙은 바다는 커피 향 맡으며
첼로 무반주 곡 듣는다
헤쳐져 사라진 신명의 어느 골짜기
철썩이는 바닷소리 아직 듣는지 모른다
밤 깊을 대로 깊어진
정자바다 얕은 기침 쿨럭인다

– 「정자 바다」 전문

정자바다는 내가 좋아하는 바다다. 물론 문모근 시인 덕분에 알게 된 바다다. 언젠가 나는 울산으로 휴가를 갔다. 문모근 시인과 함께 휴가를 보내고 싶어서였다. 둘은 정자바다로 놀러갔다. 근처 어시장에서 회를 떠 정자바닷가에 돗자리를 펴고 앉아 파도소리와 함께 술을 마셨다. 둥글고 부드러운 해안선은 나를 감싸주는 것 같았고, 파도는 내게 쉼 없이 "괜찮아 잘 될 거야"를 반복하며 어깨를 두드려주었다. 바다비린내는 마치 어릴 적 엄마가 삶던 국수냄새 같았다. 얕은 바다에 들어가 작은 돌에 붙어있는 작은 고동을 잡았다. 그러다 미쳐 밀물에 빠져나가지 못한 물고기라도 잡을라치면 무슨 큰 월척이라도 잡았는지 '야호'라 소리쳤다. 소라껍질에 귀를 대고 파도소리를 듣는 바다이야기는 거북이와 소나무가 서로 사랑하다가 영영 이별하여 따로 살게 되었다는 동화를 들려주곤 했다. 문 시인은 매사에 긍정적인 사람으로 마음이 바다 같은 사람이다. 그는 늘 내가 "이렇게 합시다."라고 하면 "그러지

뭐.” 내가 “저렇게 합시다.”라고 하면 그는 “그라입시더”라고 맞장구를 쳐주었다. 이번 시집도 원고를 보내온 지 3개월이 지나가서 “책이 늦어지는데 어떻게 하죠 문 시인님?” 그렇게 말하면 문 시인은 “뭐, 상황대로 하면 되지”라고 말해주었다. 마치 우리의 이야기를 다 들어주는 정자바다처럼 말이다. 언젠가 나는 파도는 경상도 말로 말한다고 생각했다. “쏴……. 왜 그래쏴, 뭐가 바쁘다고 그래쏴,” 사람들은 바다에 가서 위안을 얻는다. “왜 그래쏴?”하고 물어보는 바다의 질문에 사람들은 “사업이 안 돼서, 여자가 도망가서, 몸이 아파서…….” 등의 하소연을 하지만 파도는 더 없는 아픔을 견뎌내며, 수도 없이 제 따귀를 때려 정신을 차리고 물고기와 해조류를 길러내고 있음을 모른다. 그리하여 바다는 마침내 만물의 어머니란 칭송을 듣는 것이다. 우리는 무슨 일이 생기면 엄마를 만나러 가듯 바다로 달려가고…….

백석을 좋아하는 사람이
안개비에 젖고 있다
산기슭 외딴 집에서
개 한 마리 깊은 목소리로 울어대고
축축한 옷깃 여미는 바람도
심심찮게 전깃불을 켜곤 했다
골목길 엄마식당에서 하루를 내려놓는
강원도 청년은 술잔을 들어
친구와 고향을 나누었다
사는 것은 여기나 거기나 같은데
외지에서 느끼는 응어리진 외로움은

허전한 그리움으로 남아 가끔
눈시울을 적시곤 했다

백석을 좋아하는 사람이
젖은 채 가고 있다

– 「백석을 좋아하는 사람」 전문

나도 한때 백석을 너무나 좋아했다. 그리고 지금도 백석을 좋아한다. 지금 내 책상 위에는 백석의 시집 『흰 바람벽이 있어』가 놓여 있다. 안도현 시인은 백석을 베껴서 시인이 됐다고 스스로 자랑한다. 나는 정지용과 백석을 그리워하다 시인이 된 것 같다. 그래서 안도현 시인은 백석의 시 「흰 바람벽이 있어」에 나오는 일부분으로 시집 제목을 삼았다고 한다. 그 시를 읽어보면 "벌써 어린 것도 생겨서 옆에 끼고 저녁을 먹는다 / 그런데 또 이즈막하여 어느 사이엔가 / 이 흰 바람벽엔 / 내 쓸쓸한 얼굴을 쳐다보며 / 이러한 글자들이 지나간다 / -- 나는 이 세상에서 가난하고 외롭고 높고 쓸쓸하니 살아가도록 태어났다 / 그리고 이 세상을 살아가는데 / 내 가슴은 너무도 많이 뜨거운 것으로 호젓한 것으로 사랑으로 슬픔으로 가득 찬다"가 있는데 그 중에서 "외롭고 높고 쓸쓸하니"만 차용하여 시집 제목으로 썼던 것이다. 문모근 시인의 이 시에 나오는 "백석을 좋아하는 사람이 / 안개비에 젖고 있다"에서 백석을 좋아하는 사람, 즉 안개비에 젖고 있는 사람은 아마도 문모근 시인이 아닐까 생각한다. 문모근 시인은 강원도에서 태어나 서울과 충청도 등지를 돌다가 지금은 울산에 정착하여 살고 있다. 이 시에서 강원도 청년은 문모근 시인 자신이다. 그래서 그는 "외지에서 느끼는 응어리진 외로움은 / 허전한 그리움으로 남아 가끔 / 눈시울을 적시곤 했다"고 고백하는 것이다. 문모근 시인이 평생 외지를 떠돌며 살아온 삶은, 고향이란 얼마나 그리운 것이며, 돌아갈 고향이 없다는 것은 얼마나 응어리진 외로움을 만드는 건지, 백석 시인이 공산화되고 있음에도 월남하지 않고 정주에 머물다 붓을 꺾고 야인으로 살다 죽은 이유를 증명해준다. 백석 시인에 대하여 정확히 모르는 사람들은 그를 월북작가라 말한다. 그런데 그는 엄연히 말하면 월북작가가 아니라 재북작가다. 휴선전이 그어졌을 때 고향에 있었고 남으로 나오지 않았을 뿐이다. 공산치하에 남은 백석은 공산치하의 꼭두각시놀음에 놀아나지 않았다. 그래서 그는 무얼 했는지 모른다. 백석 시인은 고향 평안북도 정주에서 태어나 조선일보 신춘문예에 단편소설 「그 모(母)와 아들」로 등단했지만 1996년에 작고할 때까지 그의 행적이나 작품들은 소개되지 않고 있다. 백석 시인은 양심상 공산주의를 찬양할 수 없어 붓을 꺾고 하층민의 삶을 택하였는지 모른다. 나는 백석 시인과 문모근 시인은 닮아있다는 생각을 해본다. 그의 특별한 국가관과 봉사정신은 지역의 선량이 되거나 공무원 한 자리 할 법도 한데 그는 야인을 택하여 시를 쓰고 있으니 말이다.

두 손을 주머니에 넣고 길을 나선
심각한 인상의 중년 여인과

덥수룩 짙은 수염의 청년이
벤츠에서 내린 풍경 황망하다
갸웃거리는 자매들 길 건넜고
시장바구니 든 여자도 지나갔다
자전거 탄
무표정한 얼굴이 지나갔고
검은 가죽 잠바 파란 모자 지나갔다
일방통행 횡단보도 옆
좌회전 표시는 붉은색이다

－「갓길 · 4 － 한때」 전문

문 시인은 이 시집에서 '갓길'을 소재로 한 시리즈를 여러 편 선보이고 있다. 갓길이란 무엇일까? 백과사전에 찾아보니 "갓길은 고속도로에서 고장 차량의 대피, 긴급 자동차의 이동을 목적으로 도로 오른편에 낸 별도의 구간이다."로 나와 있다. 갓길은 주행을 위해 만든 길이 아니라 안전을 위해 만든 길이다. 문모근 시인의 인생은 그동안 매우 빠른 속도로 주행해왔다. 가족을 먹여 살려야 했고, 자신을 일으켜 세워야 하는 가장들의 질주는 본능에 가까웠다. 그래서 때로는 중앙선을 넘나드는 위험을 겪기도 했고, 잘못 들어갔던 길을 역주행해 되돌아 나와야 하는 경우도 있었을 것이다. 150Km를 넘나들며 과속하기도 하고 때로는 금방 갈 수 있는 거리를 정체된 고속도로 때문에 며칠씩 지체하기도 했다. 문모근 고속도로의 속도는 제한이 없었다. 무조건 빠르게 가족을 행복이라는 목적지로 실어 날라야만 했다. 때문에 그의 몸은 늘 위험에 노출되어 있었다. 그래서 그의 고속도로에서 갓길 주행법은 잊혀진 주행법이었다. 그러다 아이들이 성장하여 결혼을 하거나, 직업을 가지면서 서서히 그의 눈에는 산천과 계곡이 보이기 시작했던 것이다. 잠시 인생의 차량을 갓길에 세워두고 목적지를 새로 수정하거나 한두 군데를 더 둘러보고 갈 수 있는 여유를 가지게 된 것이다. 그의 인생 차량은 갓길에 세울 만큼 고장 나지 않았다. 갓길로 주행해야만 할 만큼 위급하지도 않다. 그러나 그가 갓길을 머릿속에 떠올리는 것은 이제 여유를 가져보자는 것이다. 날아가는 기러기 떼도 보고 흰 구름도 바라보며 시원한 바람을 맞아보려는 것이다. 새싹이 돋는 산과 녹음이 무성해지는 산과 낙엽이 물드는 산과 눈발을 견뎌온 자신의 인생 산맥을 바라보면서 아름다운 인생그림을 그리고 싶은 것이다.

이상에서처럼 문모근 시인의 시 몇 편을 읽어보면서 그의 문학세계를 여행해보았다. 이 시집을 읽은 전체적인 느낌은 뭔가 옛 물건을 새것으로 바꾼 느낌이다. 살던 집도 그대로이고 사는 동네도 그대로인데, 뭔가 새 집을 얻은 것 같은 느낌, 그래서 나는 옛날 살던 집을 리모델링한 것 같다는 생각을 해본다. 지금 나는 포천 이동의 고향집을 리모델링하고 있는 중이다. 비좁던 방과 마루와 처마 밑을 터서 큰 거실을 꾸미고 커다란 유리창을 달았다. 그런데 나는 집에 대해 그런 공사를 진행했고, 문모근 시인은 시집에 대해 리모델링 공사를 진행했다. 그의 시적 천정은 높아졌고 조명은 밝아졌다. 창은 넓어지고 자질구레한 세간살이는 파티션 같은 시적 은유로 겨두었다. 그리고 이웃과 지인의 삶을 불러다 시집을 채우고 있다. 그래서 그의 시집에는 김씨, 이씨, 신씨, 최씨가 등장하는 것이다.

그는 1992년에 등단했으니 이제 그가 등단한지 30년이 되어 간다. 시력(詩歷) 30년의 중견 시인의 이번 시집에서 보여주는 그의 시학(詩學)은 골목과 갓길의 시학이다. 그가 시에서 자주 골목을 등장시키는 이유는 간단하다. 어깨를 마주하고 소통하며 살아가고 싶은 것이다. 그의 골목에는 푸성귀도 나눠먹고 부침개도 나눠먹으며 가끔 막걸리 잔을 부딪치며 살고 싶은 소망이 들어있다. 그리고 그의 갓길은 빨리 가기 위해 얌체운전을 하는 것이나 고장 난 차량을 정차하기 위한 길이 아니라 주행보다는 여유의 관점에서 있다. 그의 골목에 웃음소리 넘쳐나고 긴 인생여행의 갓길에서 쉬며, 지금처럼 건강하고 여유롭기를 소망해본다. 다섯 번째 시집 상재를 진심으로 축하드린다.

이 도서의 국립중앙도서관 출판예정도서목록(CIP)은 서지정보유통지원 시스템 홈페이지(http://seoji.nl.go.kr)와 국가자료종합목록 구축시스템(http://kolis-net.nl.go.kr)에서 이용하실 수 있습니다.

(CIP제어번호 : CIP2020031929)

문모근 5시집

월요일에는 우체국을 간다

초판인쇄일 2020년 8월 20일
초판발행일 2020년 8월 30일

지은이 : 문모근
발행인 : 김순진
편집장 : 전하라
디자인 : 김초롱
펴낸곳 : 도서출판 문학공원
등 록 : 2004년 3월 9일 제6-706호
주 소 : 우편번호 03382 서울 은평구 통일로 633
녹번오피스텔 501호 스토리문학사
전 화 : 02-2234-1666
팩 스 : 02-2236-1666
홈페이지 : http://cafe.daum.net/yob51
이메일 : 4615562@hanmail.net

※ 책값은 뒤표지에 있습니다.